Name	Comment

Name	Comment

Name	Comment

Name	Comment

Name	Comment

Name	Comment

Name	Comment

Name	Comment

Name	Comment

Name	Comment

Name	Comment

Name	Comment

Name	Comment

Name	Comment

Name	Comment

Name	Comment

Name	Comment

Name	Comment

Name	Comment

Name	Comment

Name	Comment

Name	Comment

Name	Comment

Name	Comment

Name	Comment

Name	Comment

Name	Comment

Name	Comment

Name	Comment

Name	Comment

Name	Comment

Name	Comment

Name	Comment

Name	Comment

Name	Comment

Name	Comment

Name	Comment

Name	Comment

Name	Comment

Name	Comment

Name	Comment

Name	Comment

Name	Comment

Name	Comment

Name	Comment

Name	Comment

Name	Comment

Name	Comment

Name	Comment

Name	Comment

Name	Comment

Name	Comment

Name	Comment

Name	Comment

Name	Comment

Name	Comment

Name	Comment

Name	Comment

Name	Comment

Name	Comment

Name	Comment

Name	Comment

Name	Comment

Name	Comment

Name	Comment

Name	Comment

Name	Comment

Name	Comment